MAESTRÍA SOBRE INVERSIÓN EN LA BOLSA DE VALORES 2020

LA GUÍA DE PRINCIPIANTES PASO A PASO PARA CONSTRUIR INGRESOS PASIVOS EN MENOS DE 20 HORAS (O MENOS) POR AÑO. DESCUBRE LAS ESTRATEGIAS PROBADAS PARA OPERAR TODO, DESDE ACCIONES PENNY, HASTA ACCIONES DE BLUE CHIP Y FOREX, Y RETÍRESE SIENDO MILLONARIO

GREGORIO AVENA

información contenida en este documento, incluidos, entre otros, - errores, omisiones o inexactitudes.

ÍNDICE

El Day Trading es una estrategia de negocio que se basa en las operaciones bursátiles con compra y venta de activos, en las que se hacen las operaciones en el mismo día.

Es algo que se puede lograr si se trabaja fuertemente en ello, independientemente de lo que se esté haciendo, se sea escritor, empresario, atleta. Así se trabaja en el trading, dejándolo todo en el terreno.

En este trabajo se va a desarrollar la estrategia para comenzar a hacer trading, pero vamos a ir más allá de lo que es la teoría, de decir que es hacer dinero en un día; se mostrará lo que es bueno y malo en el trading y lo que hay que conocer previo a internarse en este mercado.

Primeramente esto del trading tiene que ser algo que genere pasión, deseo de hacerlo, se requiere de trabajo para tener una cuenta y sacar estos proyectos adelante, ya que no hay nadie al lado diciendo qué hacer y se puede ir fácilmente por caminos errados.

Para empezar se tiene que ver si se hace porque se necesita dinero, si es así, se está en el camino errado, porque lo más probable es que se acabe perdiendo el dinero que se invirtió.

¿La razón?

Para poder hacer trading se tiene que estar totalmente tranquilo y libre de presiones, no es que sea algo para personas de corazón frío, millonarios o genios, se trata de un tema de equilibrio mental y tranquilidad.

Si se empieza a trabajar en el mundo del trading por gusto y no por necesidad, las probabilidades de tener éxito son mayores, lo vas a hacer sin presión y sin involucrar los sentimientos, que de hecho son los protagonistas de muchos fracasos.

Hay que tener la mente centrada para hacer las cosas con consciencia; tener la capacidad para tomarse un respiro y analizar las situaciones de cada paso que se dé, esto es vital en el Day Trading. Si el resultado por operación hace perder el foco y actuar mal, entonces mejor no se intenta.

En este trabajo se va a desarrollar a fondo todo lo que es el trading, las ventajas que este tiene, lo vital que es ser disciplinado para que el Day Trading tenga mayores probabilidades de éxito, madurar y aprender a esperar el momento ideal para emplear las estrategias.

Se sabrá cómo operar intradía, paso a paso, haciendo los primeros movimientos que pueden ser darse un tiempo para que se estudie a fondo y se hagan pruebas en simuladores para ganar seguridad y experiencia antes de arriesgar dinero en el mundo real.

Además se dan consejos, como el saber los mejores días para invertir, elegir el mejor mercado y hora para hacerlo.

Todo esto y más se desarrolla en este libro, si se tiene el deseo de emprender en el mundo del Day Trading, este trabajo es el ideal para confirmar si es el camino y comprender mejor este complejo apartado del mercado bursátil.

QUÉ ES DAY TRADING

*T*e contamos lo que significa el Day Trading, este se refiere a las operaciones bursátiles de compra y venta de activos en las que se entra y sale en el mismo día, se puede operar de varias maneras, con criptomonedas, con monedas fuertes (divisas), acciones, materias primas, entre otros.

Tal y como lo dice el título, las operaciones bursátiles que se manejan, se concretan en una horas solamente. Este tipo de operadores consiguen que se les dé un reembolso por medio del apalancamiento de grandes cantidades de capital para aprovecharse de instrumentos de mucha liquidez, mientras hacen pequeños movimientos de precio en los mercados.

Las operaciones con el Day Trading cuentan con la ventaja de que el inversor puede especular ese mismo día y no tendrá que buscar financiamiento nuevamente o tarifas nocturnas, ya que todas las operaciones se cancelan cuando cierra la jornada bursátil de ese día.

Gracias a que las operaciones bursátiles se arriesgan y tienen altas recompensas, los operadores que usan esta modalidad deben tener en cuenta dos factores fundamentales: liquidez y volatilidad. Dado que se cuenta con la liquidez del mercado se puede permitir la entrada y salida de stocks a un buen precio, esto es porque tiene en consideración la diferencia entre el precio de la oferta y la demanda, un déficit bajo y la búsqueda de spreads estrechos.

Para medir la volatilidad se hace por el rango del precio diario, estas son las horas que trabaja el operador, entre más alta sea la volatilidad más será el potencial de beneficio, así como la proporción de pérdida.

Hay variables que toca considerar al momento de hacer el Day Trading:

Identificar posibles entradas, gráficos en el día. Por ejemplo IBEX 35 en tiempo real, de velas asiáticas.

Cotizaciones ECN, noticias en el momento y con calendario a bajo precio Forex, son algunos de los indicadores para incursionar en el mercado.

Buscar los precios objetivos, la identificación del precio es el óptimo al momento de entrar en el mercado, se tiene que tener seguridad de que se entra con un buen costo para lograr un beneficio cuando las operaciones cierren.

Stop-Loss, las operaciones que tienen margen aumentan el riesgo y la exposición a los movimientos rápidos de los costes; cuando se usa limita la pérdida en cualquier posición. Hay que superar las probabilidades, ver el rendimiento por medio del seguimiento estrecho de la estrategia en vez de perseguir los beneficios.

ESTO DEBE CONSIDERARSE ANTES DE INVERTIR EN LOS MERCADOS

Primero hay que preguntarse si toca irse en corto o en largo; si se abren o cierran posiciones rápidamente o se puede operar pensando en beneficio a largo plazo.

Hay muchas estrategias de los especuladores en los mercados, existen dos grandes subcategorías, que es vender y comprar posiciones breves u operar por un largo tiempo, esas son la base del estilo de cada trader.

EL LONG TRADING

Hay que analizar de qué va el Long Trading para tener una idea de lo que es y así saber elegir entre ambas opciones.

Esta es una definición que se refiere a las posiciones que están abiertas por un largo tiempo y pueden durar meses o años. En este tipo de posiciones el estudio de los factores es fundamental, para saber lo que afecta a los mercados.

Hay que verlos, para evitar complicaciones posteriores. Se requiere de más capital al inicio, ya que la mayoría de quienes invierten, deben resistir o superar los cambios que se dan en el mercado a lo largo del tiempo mientras se tenga abierta la operación. La idea que hay detrás de estas operaciones es que se creen reembolsos gradualmente sobre un periodo de tiempo.

CARACTERÍSTICAS QUE DEBE TENER UN DAY TRADER

LA DISCIPLINA

*C*uando un day trader es disciplinado se le paga por serlo. Esto es porque operar con disciplina permite que ingrese más dinero del que egresa. La gran realidad de acuerdo a los mercados es que la disciplina aumenta los beneficios. Si se es disciplinado cada día el mercado y las operaciones que se hagan van a recompensar, para un trader decir que es disciplinado es porque lo es totalmente.

Ser disciplinado es de gran importancia, pero no es una cosa que se haga de vez en cuando, es como decir que se abandona el vicio de fumar tabaco, pero de vez en cuando se fuma media cajetilla, en realidad no se dejó el vicio. Si se opera en nueve de cada diez operaciones, entonces no se es un trader con disciplina. Una operación que no se haga con la disciplina exigida causará daño en las operaciones y los resultados.

La disciplina se debe practicar en cada operación; cuando se habla de que el mercado recompensará, normalmente se refiere a que se tienen menos perdidas en las operaciones perdedoras a las que se tienen cuando un trader actúa con terquedad y mantiene una posición de pérdida por mucho tiempo. Entonces alguien que es disciplinado, si pierde por ejemplo 300 dólares, actúa y corrige, y no sigue perdiendo más, alguien terco pierde 300 dólares, se mantiene en los trece y pierde 1000 dólares o más.

La disciplina salva de pérdidas grandes.

Hay que ganarse el derecho a operar con mayores posiciones. Muchos traders que están empezando piensan que por tener una alta suma de dinero en sus cuentas pueden operar con decenas de contratos. Pero esto es errado, si no se puede operar bien con un contrato mucho menos se va a poder con 25 o más contratos.

Cuando se opera mal con un par de lotes, se deben reducir las posiciones a un solo contrato.

HABILIDAD PARA ENFOCARSE POR LARGOS PERÍODOS DE TIEMPO

La habilidad para enfocarse por largos periodos de tiempo es también una característica requerida que debe tener un day trader. Se tiene que tener la capacidad para ver listas y gráficos gran parte del día y hay que mantenerse concentrado y con los pies en la tierra.

Si no se puede hacer, es probable que toque enfocarse en otro tipo de trading, por ejemplo el swing trading o el position trading, se sabe que esto no es una tarea sencilla y que no todos tienen el poder de hacerlo, entonces lo más aconsejable es que se escoja el mejor para adaptarse y no fracasar.

PACIENCIA PARA ESPERAR OPORTUNIDADES COMERCIALES RENTABLES

Una de las grandes cualidades de un buen trading es que tiene que desarrollar el don de la paciencia. En el trading se tiene que tener mucha paciencia a la hora de hacer negociaciones, tanto para comprar como para la salida, no hay que caer en el deseo de intentar operar o negociar cuando lo que se ve alrededor no es un campo idóneo para el plan.

Un buen trader puede esperar el momento ideal a pesar de todas las tentaciones que pueden aparecer en el camino, porque son muchas, se puede ver algo sustancioso pero se sabe que no lo es y si se cae entonces es posible que se pierda dinero.

Por lo general se logran mejores resultados negociando menos y haciéndolo bien que negociándolo mucho y errando. Sin hablar del costo de negociación que existe al operar en exceso.

CURIOSIDAD PARA INVESTIGAR

Los mejores day traders, con frecuencia persiguen estrategias rentables de Trading, pero son contados aquellos que logran llegar al éxito de forma inmediata. Antes de apegarse por completo a una estrategia de corto plazo, se tiene que tener la disposición para probar múltiples estrategias, hacerlas constantemente hasta hallar la ideal. Una mejora va a conseguir que se quede con lo que realmente funciona y se deseche lo que no.

En cuanto a la programación no se tiene que ser un genio en el tema, pero en el Day Trading si se requiere tener cierta destreza en programas avanzados de computadora y trading.

Además de una disposición para probar nuevas plataformas y sistemas, acorde van saliendo. Un buen day trader tiene entusiasmo por los mercados financieros mucho antes de decidir entrar en el negocio por sí mismos, si se tiene esa inclinación natural por seguir las acciones los bonos y valores será fácil adaptarse a este ramo del negocio, pero si no se tiene la destreza para moverse entre finanzas y negocios, de seguro será más complejo adaptarse y posiblemente se tire al poco tiempo.

DETERMINACIÓN, CORAJE Y LA FORTALEZA MENTAL

Un buen trader o un gran inversor tiene que ser capaz de mantener la calma incluso en los momentos donde las emociones se desatan por una racha mala cuando por ejemplo caen las acciones en un porcentaje importante o hay caídas inesperadas que provoca arrancarse el cabello del desespero.

Tanto las malas rachas a corto plazo como los

mercados bajistas a largo plazo forman parte del juego. Un trader experimentado y con sangre fría ha aprendido que se tiene que vivir con esto y que tarde o temprano cae una mala racha donde se pierde dinero y hay que actuar con la mente clara para sacar lo mejor de lo peor.

Hay que aprender de las pérdidas, un trader que aprende de sus tropiezos, especialmente de esos que se dan en los primeros años, se hace un buen trader con el tiempo.

Se debe pensar un momento en que se puede llegar y besar a Dios, que se puede entrar al trading y triunfar y sacar altas sumas de dinero por unos meses.

Pero sucede que en ocasiones se fracasa y esto hace que muchos traders se frustren y abandonen el negocio, se ponen a hacer otras cosas relacionadas con el mundo, y muchas veces triunfan, aunque otros derrotistas siguen hundiéndose porque no terminan de digerir esos tropiezos y no se curan, no aceptan que es parte del juego de los mercados.

3

VENTAJAS DEL TRADING INTRADÍA

Ya se puede inferir que el trading intradía tiene muchas variables y puede ser una oportunidad de negocio para aquellos que quieren lograr la independencia económica. Estas son algunas de las ventajas que tiene hacerse day trader:

INDEPENDENCIA FINANCIERA

La independencia financiera es uno de los principales atractivos de esta profesión. Es una manera ideal de poner a trabajar el dinero. El tener un buen flujo de capital es posible por medio del mundo de la Bolsa.

El trading exige concentración y control emocional

y como ya se reseñó arriba: disciplina y paciencia. Esto se aprende y desarrolla en el camino aunque no permite grandes variaciones, una gran ventaja en este tipo de trabajo es que se aprende a conocer uno mismo y esto es increíble porque se actúa mejor.

Aunque se puede ejercer en vivo sobre el parquét, en las salas de Bolsa, por lo general se trabaja en un ordenador, esto deja como ventaja que se pueda trabajar en pijama, moviendo el dinero e invirtiendo como el conocimiento lo diga. Las acciones suben y bajan a diario, así que se puede hacer desde donde se quiera.

Internet cuenta con terabytes de información, hay muchísimos libros, revistas y hasta en televisión, este ramo se puede aprender cuando se tiene el deseo de hacerlo.

En muchas ocasiones se elige este tipo de trabajo en los mercados bursátiles porque la suma que se requiere para arrancar es bastante reducida. Por ejemplo, si se tienen unos veinte mil dólares se puede empezar con firmeza y soltura, no hay duda. Aunque la gente de a pie no tiene ese dinero acumulando polvo en la casa. Esto no es impedimento para hacer las primeras compras de acciones, si se mantienen las ideas claras y se centra en aprender primero y luego en hacer dinero, pues se está haciendo el trabajo bien.

Se puede ahorrar el dinero para empezar y ese tiempo se puede invertir en aprender todo lo posible sobre este tema. Una gran ventaja que tiene este negocio es que se puede controlar el riesgo al que se expone el dinero y se hace de manera precisa. Por ejemplo, si no se quieren perder más de 200 dólares en una operación, no se tiene por qué perder ni un centavo más.

Otra gran ventaja es que no necesariamente se tiene que pensar en hacer trading intradiario de gran velocidad, se pueden hacer operaciones de otros tipos, que se piensen con calma, que se vean evolucionar poco a poco y gestionarlas con tranquilidad de un día para otro, se toman notas con cuidado y se aprende con calma los entresijos de los mercados, se fija la velocidad a la que se quiere jugar.

Otra de las grandes ventajas del Day Trader es que se puede hacer desde donde sea, solo se necesita un ordenador con conexión a internet para operar. Se puede hacer en casa, en las vacaciones, en donde sea, aunque parezca alfo fútil no lo es, es inmensamente práctico.

Una de las ventajas más exclusivas es que se puede trabajar la libertad financiera con adaptabilidad horaria, se puede compartir con el trabajo diario, por lo que se pueden hacer más cosas mientras se es trader.

Para ir rápido se puede operar en la mañana en el mercado español y por la tarde en el mercado americano, hay mercados internacionales como el de divisas donde se puede trabajar incluso a cualquier hora del día.

Si se es de plantear operaciones de un día para otro, se pueden estudiar al terminar la jornada laboral o controlarlas incluso con el móvil.

Se puede adaptar a la vida de cualquiera, solo que tiene que elegir la mejor modalidad.

Finalmente, el trading es una alternativa con la que se puede trabajar para alcanzar unos mejores ingresos económicos sin ataduras, puede ser un estilo de vida que se adopte desde ahora.

La independencia financiera comienza por reunir dinero de muchas maneras para empezar a tener activos, es una alternativa de primera este negocio del trading. Todo está en manos de quien lo haga.

RÁPIDA CURVA DE APRENDIZAJE

El Day Trading cuenta con una curva rápida de aprendizaje, en poco tiempo se tendrá mucha oportunidad para aprender y negociar, si se es un day trader se aprenden a hacer muchas operaciones más, que lo que aprendería cualquier otro tipo de comerciante, esto significa que se aprende con más rapidez y se es más competente en poco tiempo.

Esto es algo que el mismo ambiente enseña, porque aunque es un campo donde se puede hacer dinero, requiere de la estrategia de cada uno poder desarrollar las habilidades para sacar los mejores frutos económicos.

NO HAY BRECHAS DURANTE LA NOCHE

No existen brechas durante la noche. Dado que en este mercado se abre y se cierra en el mismo día, el day trader tiene menos riesgos, no se lleva el mismo peligro que cargan los trader que se exponen a que el mercado abra en un nivel distinto al que cerró el día anterior, que puede o traerle beneficios o pérdidas. Se opera en el mismo día, lo que es una gran ventaja.

LOS DAY TRADERS PUEDEN DISFRUTAR DE UNA CURVA DE P&L MÁS SUAVE

Otra de las grandes ventajas es que los day traders pueden gozar de una curva de P&L más suave, esto se debe a que ejecutan diversas operaciones diarias, una mala racha puede durar un par de días en cambio con otros tipos de operaciones puede prolongarse hasta por meses y años. Por ello es una manera en la que se puede reducir esos momentos tensos donde el mercado juega en contra.

OPORTUNIDAD DE GENERAR INGRESOS RÁPIDAMENTE

Se tiene la oportunidad de generar ingresos rápidamente. Las operaciones permiten a los day traders aumentar las ganancias en poco tiempo, cada transacción es una nueva oportunidad para ganar más dinero para la siguiente operación.

Dado que esto es diario pues en ese día se encamina a que se gane dinero o se pierda.

Estas son alguna de las muchas ventajas que tiene el operar intradía. En el próximo capítulo vas a conocer cómo operar y hacerte un day trader

4

CÓMO OPERAR INTRADÍA

DOMINAR LOS MERCADOS DE VALORES

*P*ara un day trader es elemental saber cómo funciona el mercado de valores que es donde se comercian las acciones, esto es esencial. No todos saben realmente qué es ni cómo funciona. A continuación se describe puntualmente este escenario en donde se invierte el dinero.

Para empezar, el primer punto es que el mercado de valores es una cadena de intermediación, por eso entras a este mercado donde compras y vendes acciones, esto funciona de una manera organizada y debe ser así, porque si no todo sería un caos y no se podría controlar ni saber quién compró o quién vendió cuáles acciones.

Tampoco se puede conocer el costo de estas, y menos saber si se está especulando con ellos ni si se opera en el marco de la ley, es por eso que para contar con el control se ha creado el mercado de valores. Este se compone por distintos actores y eslabones, la finalidad es poder lograr que las acciones se den según las normas y que garantice el acceso democrático a todos lo que quieran entrar en ellas.

En el mercado de valores el inversionista está del lado izquierdo de la cadena, a la derecha se encuentra el brokers o corredor de bolsa, le siguen los market makers y a ellos las bolsas de valores. Los brokers son las empresas que conectan con los inversionistas que cotizan en la Bolsa, para invertir se tiene que tener una cuenta con alguno de ellos. Pero es el trader el que toma las decisiones y ellos reciben y administran el dinero.

Los creadores del mercado son los que cuentan con el dinero o quienes reciben los fondos de los bancos de reservas, cotizan en la Bolsa y comercian con ellas.

Las empresas que ponen sus acciones en las bolsas de valores, se dividen en índices como el Nasdaq y el Dow Jones, aunque hay muchísimos más.

Tal como sucede con cualquier cadena comercial, igual sucede con las inversiones: los productores deben llegar a sus consumidores, pero es inviable que les golpeen a cada uno en su puerta para que les compren, entonces se ponen a buscar a un comprador que luego se encarga de distribuir el producto, por esto gana un dinero, pero es un garante de que esto llegará al consumidor final, mientras que el productor gana lo que le corresponde por ley.

Es esencial comprender el funcionamiento del mercado y los elementos principales que determinan los movimientos de este, un trader irradia y controla los indicadores técnicos y fundamentales.

Esto es algo que complementará la visión de mercado que se tiene y se podrá identificar la oportunidad en los distintos tipos de traders que se están buscando, también se puede complementar la opinión sobre una oportunidad de inversión.

DISCIPLINA EXTRAORDINARIA EN TRADING INTRADÍA

En todos los aspectos de la vida, la disciplina es clave, pero en este caso hay que serlo totalmente, el descuidarse en las transacciones intradía puede causar inmensas pérdidas, el éxito del mercado de valores sin disciplina es algo casi imposible.

Se debe poder controlar el precio durante algunos periodos, sin tomar decisiones imprudentes, esto es algo difícil y exige mucha disciplina. En ocasiones el mercado se mueve tal como se ha anticipado, pero el que se haya podido anticipar no significa que se tenga que ejecutar la orden.

A veces causa frustración el poder ver movimientos rentables en el mercado que se habían predicho pero que no se ejecutaron, esto da rabia, empero es mejor perder oportunidades que lanzarse a un abismo y perder dinero.

Decir que el Day Trading es rentable no es algo que se responda fácil, lo que sí se puede decir es que operar conlleva riesgos y no se puede asumir sin tener la preparación para ello, porque puede causar grandes pérdidas, aunque hacerlo con sapiencia puede traer muchísimos beneficios.

Lo clave en cualquier estilo de trading es que se tiene que hacer un plan que tenga una gestión detallada del riesgo, esto quiere decir la relación riesgo, recompensa adecuada y con control.

ADAPTAR LAS ESTRATEGIAS

Hay que adaptarse a las estrategias para poder reducir las pérdidas y aumentar las ganancias. Dado que las condiciones del mercado varían día a día entonces se tiene que estar atento para cambiar las estrategias cuando sea preciso hacerlo.

El day trader que quiere generar dinero tiene que presentar mecanismos al menos cada par de días para que pueda ajustar la estrategia que trae hasta el momento a las condiciones que se le están presentando en el mercado. Para lograr esto se necesita que el trader tenga una mente de creativo.

No existe una fórmula para lograr el éxito en el Day Trader, la formación es elemental, pero esto no garantiza el éxito. El riesgo aumenta cuando los precios están fluctuando de manera brusca cada día. El Day Trading elimina el cobro de comisiones por conservar las posiciones abiertas en la noche. El Trading denomina estas comisiones como swap, en algunos casos las operaciones están en dirección contraria al mercado y puede que el swap sea beneficioso, entonces llegue ingreso en vez de pagar comisión.

Tener una estrategia que se base en adquirir activos con swaps positivos se llama Carry Trade, pero eso es tema más profundo que no abordaremos ahora.

El Day Trading se utiliza para poder evitar arriesgarse con movimientos grandes de precios en las noches, momento en el cual no se pueden controlar los mercados o están cerrados. Este riesgo se elimina y es una de las ventajas que lo hacen tan atractivo.

Por otra parte el Day Trading es una actividad de mucha especulación, el mercado está marchando sin contratiempos, los traders son importantes para los mercados, ya que le inyectan liquidez.

La estrategia que se usa es aprovechar los movimientos que suben y bajan y generar ganancias durante las sesiones. En estas especulaciones por lo general se está buscando una acción, una serie de acciones o una divisa que sea muy líquida.

Para aumentar las probabilidades de éxito como day trader se tiene que contar con una cantidad de capital y mucho conocimiento de mercado, aunque esto no es algo que garantice ser exitoso, pero aumenta las probabilidades de alcanzar las metas.

5

FRECUENCIA PARA OPERAR DAY TRADING

LA APERTURA DEL LUNES NO ES BUENA PARA EL TRADING

Algo que se tiene que tener en cuenta es que los lunes son un día poco rentable para hacer trading, esta es la razón: el lunes básicamente es un día en el que se da el posicionamiento, ahí es donde el precio define un poco la tendencia que va a tomar durante la semana. Entonces es normal ver inicios de sesión que son planos hasta que el activo en cuestión se encamina en un destino sea en alza o en baja.

Es una operación que puede tomar bastantes horas y

termina haciendo que el lunes tenga menos oportunidades para entrar en el mercado además de menos garantías si el precio no tiene una dirección que sea clara, entonces empieza a oscilar y puede cambiar de dirección o da señales falsas.

Por lo tanto, hay que elegir mejores días para hacer trading y olvidarse del lunes para ello. Aunque esto es algo muy a criterio de cada trader y no existe un patrón común para todos. De acuerdo a la estrategia que se tenga y el mercado, pueden verse algunas tendencias o situaciones que hagan que la operación pueda ser más rentable operando en días y horas determinados.

Es algo que irá marcando la experiencia, si aún se está en la fase inicial de principiante en este mundo del trading, se pueden buscar en internet herramientas como las cuentas demo de brokers, una manera ideal para pulirse en este terreno.

LA APERTURA DE LONDRES ES BUENA PARA EL TRADING

La apertura de Londres es una buena hora para comenzar a hacer el trading, esta es la razón: el mejor horario para invertir es entre las 9 de la mañana y las 5 y 59 de la tarde, hora española. Coincidiendo con una gran cantidad de traders que están en el mercado de divisas y por lo tanto teniendo más oportunidad para hacer negocios, en este horario es donde se dan la mayoría de las operaciones del día que se mueven para aprovechar y lograr sacar lo mejor del Day Trading.

Los momentos más buenos para aprovechar durante el día es a las 9 de la mañana, la hora en la que abre en Londres y las dos de la tarde hora española, que es el momento en el que abre en Estados Unidos y cerca de las 5 y 59 hora española, que es cuando está cerrando Londres.

Antes de que termine la sesión en Asia, la sesión europea toma las riendas para mantener activo el negocio, es un horario bastante movido y comprende centros financieros importantes, las horas de trading en Europa van desde las 7 hasta las 4 de la tarde.

EL TRADING DE BREAKOUT SE APLICA AL TRADING INTRADÍA CUANDO SE HA PRODUCIDO UN NUEVO MÁXIMO O UN MÍNIMO

El Breakout o trading de rupturas puede aplicarse al Day Trading y se puede usar con buenos resultados dados los beneficios que proporciona. Un Breakout es un evento que se da cuando el precio rompe fuera de un determinado rango de movimiento en el que ha estado por un periodo de tiempo, se refiere también a la ruptura del precio de niveles con precio específico como soportes y resistencias, niveles de Fibonnaci, pivot points, entre otros.

El objetivo de hacer trading con los Breakouts es aprovechar la volatilidad que normalmente se produce cuando el precio rompe fuera de niveles de precios considerables.

COMPRAR EN EL PRIMER PULLBACK DESPUÉS DE UN NUEVO MÁXIMO

Se puede comprar luego del primer pullback después de un nuevo máximo; el pullback es un movimiento de recuperación que el precio de un activo hace luego de perder una zona de soporte en su caída, esto quiere decir que se trata de un movimiento de vuelta a ese soporte perdido.

Luego de una rotura de soporte, la cotización tiende a caer hasta un punto desde donde se comienza a dar un ascenso o rebote que llega hasta ese soporte perdido. Se sabe que es un pullback cuando no logra volver a estar por sobre ese soporte y vuelve a descender, rompiendo incluso los mínimos anteriores desde donde rebotó.

Por lo tanto el pullback es solo un giro hacia las cosas perdidas anteriormente, un momento donde se descansa para seguir con la tendencia.

La última hora de negociación (normalmente en las sesiones de Londres) a menudo dice la verdad sobre lo fuerte que es realmente una tendencia

Cuando se está ante la hora de Londres y es la última hora de negociación se sabe lo fuerte que puede ser una tendencia; un trader que comienza en este mundo busca información sobre cómo empezar a operar con ganancias, por lo general consigue consejos de seguir una tendencia, si las divisas suben es necesario que se compre, si caen la recomendación es vender, es más es una recomendación con mucho sentido. Pero cuando se quiere poner en marcha, está claro que no es algo tan fácil, para lograr ganar dinero por medio del trading de tendencias, se necesitan instrucciones más detalladas y conocer esta pequeña estrategia de saber hacer la negociación a última hora basándose en las sesiones londinenses, que ayudan a conocer las tendencias fuertes.

NO OPERES EN DÍAS FESTIVOS NI LOS VIERNES A ÚLTIMA HORA

Los principales mercados que se mueven en el sistema financiero, como lo son el mercado asiático, el mercado de Europa y la Bolsa de Nueva York, cierran los fines de semana, esto causa que se reduzca la liquidez en un 95%, esto hace que prácticamente los activos o acciones se mantengan sin cotizaciones de referencia.

Por lo tanto no se recomienda que se haga trading durante los fines de semana, tampoco que se haga a última hora los viernes porque se aumenta el riesgo de perder dinero.

NO OPERES CUANDO EL MERCADO ESTÁ EN UN RANGO DE 20-30 PIPS DURANTE EL DÍA

No se debe operar cuando el mercado está en un rango de 20-30 pips en el día, pero primero ¿qué es pip? Es la abreviatura en ingles de "point in porcentaje", es una medida de movimiento más pequeño del tipo de cambio en un par de divisas. El pip es una unidad estandarizada y es la cantidad más pequeña en la que una cotización de una moneda puede variar.

Este tamaño estandarizado ayuda a proteger a los inversores de perder dinero que causaría una unidad de variación de más tamaño. Un ejemplo, si el punto menor de variación es igual a 10 puntos básicos, si ocurre un cambio de punto causaría más volatilidad en los tipos de cambio de las divisas y aumentaría el riesgo.

Por lo tanto si se habla en lenguaje general, el pip corresponde a un 0.0001 $ para los pares de divisas relacionadas con el dólar de Estados Unidos.

Como se explicó, la variación de un pip de los tipos de cambio en las variables, es la que define si una operación tiene resultados positivos o negativos y en última instancia la cuantificación del beneficio o el fracaso en una operación.

Es por eso que operar con 20-30 pips en el día, no es beneficioso.

A VECES NO TENER UNA POSICIÓN EN EL MERCADO EQUIVALE A TENER UNA POSICIÓN RENTABLE

El day trader tiene que mantenerse abierto para ver el movimiento del mercado en el día, casarse con una posición podría aumentar el riesgo de perder oportunidades, pero el estar abierto a posiciones varias y elegir la que sea idónea en un momento del día, puede ser bastante rentable.

EL RANGO DE LA PRIMERA HORA DEBERÍA ESTABLECER EL MARCO PARA EL RESTO DEL DÍA DE TRADING

Cada día es distinto en el mundo del trading, ese rango de la primera hora del día establece un marco de cómo van a ir las cosas para el resto del día, esto es algo que con el tiempo y la experiencia se comenzará a dominar mejor y se sabrá rápidamente cómo va a ser el día cuando empiece a ver los movimientos iniciales.

6

ESTRATEGIAS DAY TRADING

ESTRATEGIA TENDENCIAL

*E*l seguimiento de tendencia es un tipo de estrategia de negociación en los mercados que tiene el objetivo de aprovechar los movimientos a largo plazo con sus alzas y bajas. Se produce en distintos periodos.

Se caracteriza por seguir la dirección de las tendencias del mercado y lograr beneficios de las alzas como de las caídas del precio de los mercados financieros, un ejemplo, cuando se hace trading se suelen presentar tendencias que pueden durar varias horas e incluso días, semanas y hasta meses. Esto puede producir grandes ganancias a los traders que entran en esta dirección.

Los trader que usan este enfoque pueden trabajar diversas herramientas para conocer a dónde va a ir el mercado, tener patrones en imágenes, que son las acciones del precio, medias móviles, rompimiento de canales y otros para poder establecer la dirección que va a tomar el precio.

El método que usan para seguir las tendencias incluye una gestión de riesgo que tiene estos tres elementos:

- El tamaño de la posición.
- El costo del mercado.
- La volatilidad actual del mercado.

Dentro de las primeras reglas de gestión de riesgo, está determinar el tamaño de posición al momento de entrar, saber la cantidad que se debe comprar o vender se basa en la cuenta de trading y en la volatilidad del mercado al que se quiere llegar.

Los cambios de precio pueden aumentar o reducir la posición inicial, por otra parte los movimientos adversos del mercado llevan al cierre total de una posición para limitar las pérdidas.

Una de las primeras reglas en los sistemas de seguimiento de tendencia es que el precio es la principal preocupación que tiene el trader, estos pueden usar otros indicadores que muestran el sitio al que puede ir el precio más adelante o dónde tendría que llegar.

Pero por regla general son herramientas que no deben tomarse en cuenta, el trader solo se debe preocupar por lo que el mercado haga actualmente, no por eso que podría o no hacer, el precio de ahora y solo ese precio dice lo que el mercado hace.

Las estrategias de seguimiento de tendencia tienen que ser sistemáticas, el precio y el tiempo son claves en todo momento, son un tipo de sistemas que no se basan en el análisis de factores fundamentales de oferta y demanda.

Los sistemas de seguimiento de tendencia están entre los más comunes y algunos son bastante exitosos.

CONTRATENDENCIA

Las estrategias de contratendencia apuntan a determinar el punto de reversión de una tendencia, hay traders que manejan esta estrategia y toman sugerencias de los patrones de velas de reversión, también aplican osciladores como MACD o RSI para saber si el mercado está sobrecomprado o sobrevendido y si notan algo que no esté correcto entre el precio y el indicador, si las señales están presentes, entonces las posiciones abiertas de los traders contrarrestan la tendencia anterior.

ANALIZAR EL CALENDARIO ECONÓMICO

El calendario económico es una herramienta esencial para el trader, este resume los anuncios y publicaciones que se esperan en las próximas sesiones de trading.

Esto es realmente un dato clave que influye en el precio de los mercados grandes y chicos, es por esta razón que el calendario económico es una de las herramientas de análisis a la que debe ir el trader en relación con las noticias fundamentales de una economía.

El trader va a obtener esta información:

- La hora de publicación según su ubicación.
- Donde nace el anuncio, el país que publica la noticia, así si el par USD/CAD es uno de los pares con los que se opera, se está más atento

al calendario económico en tiempo real de Estados Unidos y Canadá.

Su importancia, especialmente el impacto en el activo financiero en cuestión, si el impacto no es muy grande, el precio de la divisa relacionada no se va a ver afectada de manera significativa, por otro lado, en el caso de un anuncio importante se espera que haya una volatilidad alta en el activo financiero.

Lo que salga en estas noticias va a permitir juzgar el carácter del evento, sea que se hagan datos del desempleo de América o que se dé un discurso de Mario Draghi.

Los resultados, además de las estadísticas de previsión que se obtengan ayudan a que se adquiera una idea de la evolución de los datos y se confronten con el consenso del mercado.

Teniendo toda esta información el trader va a poder seguir esas tendencias de mercado en tiempo real pero también las divisas del futuro.

ANÁLISIS TÉCNICO

El análisis técnico es un sistema que permite examinar y predecir los movimientos de precios en los mercados financieros partiendo de datos que se tengan a lo largo de la historia y las estadísticas del mercado.

Se basa en la idea de que si un inversor puede identificar patrones previos, entonces va a poder predecir los movimientos que vengan de una manera bastante exacta.

Junto con el análisis fundamental, esta es una de las escuelas principales del análisis de mercado, el análisis se centra en el valor real del activo por lo que tiene en cuenta los factores externos y el valor intrínseco de este.

Es un análisis que se basa exclusivamente en los gráficos de costos de un activo, el identificar patrones en un gráfico es lo que se emplea para predecir movimientos futuros.

7

CONSEJOS Y TÉCNICAS

IDENTIFICA TU PERFIL COMO INVERSOR, ES DECIR, TU AVERSIÓN O APETITO POR EL RIESGO

*L*a determinación del propio perfil como inversor constituye un punto de partida para tomar decisiones si se invierte o no. Esto ayuda a definir los productos financieros que encajan con las necesidades y las preferencias. Se tiene que ser consciente de que el intermediario financiero solo tiene la obligación de analizar los objetivos de inversión y las preferencias cuando presta servicios de asesorías o gestión de carteras.

En otras circunstancias el intermediario se limita a analizar los conocimientos y la experiencia, la capacidad para poder comprender la naturaleza y los riesgos del producto ofertado. Este va a informar cuando suceda algo para que se hagan los ajustes, hablará de la ausencia de conocimientos para entender correctamente el producto ofertado, sin entrar a ver los ajustes del mismo al perfil de riesgo o los objetivos de inversión.

Al margen de esto, el intermediario tiene la obligación de informar sobre los riesgos y todos los detalles de eso que va a asumir, hay que entender la información que se recibe y el nivel de riesgo que se asume en cada producto que vaya a contratarse antes de hacerlo.

Para determinar el perfil de inversor se deben responder a estas preguntas:

¿Cuál es mi punto de partida? Es donde se define la situación financiera actual, los ingresos, las deudas y los gastos.

¿Cuáles son mis metas concretas? Hay que determinar los objetivos financieros, de una manera realista y concreta, por ejemplo el querer tener independencia financiera, este puede ser un objetivo algo difuso y con poca operatividad. Pero decir que se va a ahorrar veinte mil dólares para invertir en trading es un objetivo concreto, con plazos, costos y fines.

¿De cuánto dispongo para lograr esto? La respuesta depende de la anterior y ayudará a determinar el tipo de productos que pueden interesar.

¿Qué nivel de riesgo estoy dispuesto a asumir en el camino? Es una cuestión que tiene un componente objetivo, la capacidad financiera, lo que se puede permitir perder y el otro subjetivo con los conocimientos financieros, la forma de ser y cómo influye en la tolerancia de riesgo.

También para determinar la apetencia o aversión al riesgo es clave que cada inversor reflexione para que tenga la seguridad de que ese riesgo que va a asumir en sus inversiones es compatible con el dinero que maneja y la capacidad para afrontar lo que pueda pasar.

ASEGÚRATE DE PROBAR TU ESTRATEGIA EN UN ENTORNO SIN RIESGO

Hay traders que piensan que para ganar dinero solo necesitan un par de cosas:

- Tener una cuesta trading
- Manejarse en el mercado con habilidad.

Pero esto no es así del todo, hace falta más, se requiere de una formación teórica, pero también que se practique, entonces el primer paso es que se experimente esa estrategia o estrategias que se tienen para ya luego invertir en el mercado real. La clave es practicar y hay unas herramientas que son geniales: los simuladores de trading.

El simulador de trading es un programa que como lo dice su nombre simula las condiciones reales del mercado, esta es una herramienta que permite hacer operaciones con dinero ficticio en los mercados sin arriesgar dinero real y pudiendo practicar en distintas estrategias ganadoras y así aprender poco a poco con el ensayo error.

Una gran parte de los simuladores de bolsa tienen un saldo virtual de 5000 a 100 mil euros en el que se puede operar en distintos instrumentos financieros, con dinero, materias primas, bonos, acciones, índices, entre otros. Igualmente ofrece la oportunidad de abrir posiciones en distintos mercados, desde el estadounidense pasando por asiáticos, y hasta los europeos.

El simulador ofrece una imagen fiel de las condiciones reales del mercado, pero también brinda dinero virtual, esto es útil porque ofrece probar estrategias para ver cómo cargan los spreads, el rendimiento o aprender el lenguaje de los inversores y conceptos claves como margen, taken profit o stop loss.

Estas son las características más importantes:

- Simulación en vivo y actualizaciones del mercado.
- Trading con una cuenta demo sin riesgos.
- Inclusión de todas sus características y funciones.
- Se puede probar cualquier estrategia de trading.

ANÁLISIS TÉCNICO: LA HERRAMIENTA FUNDAMENTAL DEL TRADER INTRADÍA

El análisis técnico es un estudio de los mercados financieros basado en gráficas, tendencias de cotizaciones, datos y patrones de precios. A diferencia del análisis fundamental, que está centrado en los estudios económicos, sociales y políticos, este tipo de análisis es solo matemático y algorítmico, se basa en los patrones y los datos pasados. Este es un tipo de estudio que se adapta a las posiciones y las operaciones a corto plazo.

La importancia de este análisis radica en la utilización a través de él, de muchas herramientas y señales que hacen que el trading sea algo mucho más que automático, estas son las más destacadas.

La función de estas herramientas radican en mostrar puntos donde la cotización de un valor está en el rango del mercado, entre un máximo habitual que es la resistencia y un mínimo habitual que es el soporte. Al momento de romperse cualquiera de estas marcas se puede esperar que el precio se marque y se tenga la posibilidad de actuar.

Entonces, si se realiza un análisis técnico en los valores se verá que se ha superado la resistencia, a lo mejor es momento de abrir un stop loss y take profit.

Algo de la línea de soporte y la resistencia están en el stop loss y el take profit, herramientas que marcan el límite de las operaciones y representa la pérdida máxima que se está dispuesto a soportar.

LA VOLATILIDAD Y LA LIQUIDEZ: FACTORES QUE DEBES DOMINAR

Los mercados financieros tienen un factor constante que se debe considerar, es el riesgo que se corre cuando se invierte el dinero, esto es porque no es seguro que el valor aumente tanto como se espera. Incluso no es seguro que suba siquiera.

El análisis de riesgos en las inversiones tiene que tener en cuenta dos medidas: la liquidez y la volatilidad, la liquidez es la que muestra la capacidad del activo para venderse sin cambiar mucho el precio y con pérdidas mínimas.

Por ejemplo, una vivienda es menos líquida que los bonos o las acciones, es un ejemplo que se percibe claramente, pero no es tan claro cuando se compran acciones o bonos. Se deben usar herramientas de análisis técnicos en estas situaciones.

Por otro lado, la volatilidad informa sobre la variabilidad del costo de un activo en un determinado momento, esto dicho de otra manera cuando se alejan los costos actuales de su medida. Entre más altibajos se tengan más volátil es, rumores, datos, crisis, la volatilidad de los índices bursátiles: VIX para el S&P500, VXN para Nasdaq o VXD para el Dow Jones, por mencionar sólo algunos de una larga lista.

8

TRADING INTRADÍA FOREX: LO QUE DEBES SABER

*E*l trading intradía es rentable, aunque se tiene que aprender a dominar, si apenas se está incursionando en este mundo lo mejor es dedicarle al menos un año para que se hagan las prácticas necesarias para que se pueda dominar mejor y se conozcan las estrategias ideales para poder aplicarlos en el mundo real con más posibilidades de éxito.

DESARROLLA UN BUEN PLAN DE TRADING

Un plan de trading es una herramienta que se utiliza para tener claridad en los objetivos que se quieren conseguir. Es una estructura o un conjunto de directrices que sirven para definir las operaciones, puede ser una herramienta útil para ayudar a centrarse en la planificación y ejecución de la estrategia.

No hay un modelo único para un plan de trading, cada inversor es singular y cuenta con un plan y estilo. Pero hay elementos que se tienen que hacer y son universales al momento de hacer un plan.

Se puede pensar en el plan de trading como si fuera un itinerario, es la hoja de ruta que le lleva donde está ahora y al lugar donde quiere llegar. Hay que tener una idea clara y realista de ambos lugares en la mente.

Hay que preguntarse esto:

- ¿Qué tipo de trader es?
- ¿Qué formación y experiencia tiene?
- ¿Qué capital tiene para operar?
- ¿A dónde se quiere llegar?
- ¿Qué busca lograr con la operativa?
- ¿Qué horizonte temporal plantea?
- ¿Qué sería un éxito para la operativa?

Al momento de iniciar un proyecto, el plan de negocio no se puede operar sin un plan de trading.

Estas son las normas generales para un plan de trading:

No hay una única manera de elaborar el plan, pero ciertas normas se tienen que encaminar para hacer la inversión con éxito.

- Ponerlo por escrito, hay que teclear las razones que se tienen para operar y los objetivos que se quieren alcanzar, esto ayudará a que se organicen los pensamientos y se le dé solidez al plan.
- Hay que registrar los progresos, con un método que sea claro, allí se ponen las operaciones, es clave que al momento de hacer el plan se ponga una estrategia a largo plazo.
- Hay que ser capaz de ver las operaciones pasadas y presentes, todo con la mirada de aprendizaje pero también con un seguimiento de los mercados a los que se está expuesto.
- Hay que controlar las finanzas, la gestión monetaria es clave para cualquier plan de operaciones, se tiene que hacer un plan para gestionar las inversiones, especialmente en la exposición al riesgo.

Luego que se practica y entiende de qué va esto de Forex, se puede aventurar en el trading intradía, pero un gran consejo sobre el trading intradía es que se prepare el plan y se le haga seguimiento.

Hay que recordar las temporalidades cortas, los errores pueden ser costosos e imperdonables, por este motivo es clave que se cuente con un mapa que permita navegar exitosamente por el ambiente de Forex.

El Day Trading es rápido, es posible que se experimente estrés y tensión, son factores que operan con base en las emociones y se pueden cometer errores, estas circunstancias hacen planes de trading que son realmente necesarios.

NO MANTENGAS OPERACIONES PERDEDORAS DURANTE MUCHO TIEMPO

En el Day Trading cada pip es de mucho valor, es por eso que no se puede dar el lujo de mantener abierta una posición perdedora por mucho tiempo, esto causaría un impacto en las utilidades que sería malísimo.

Para evitar estos contratiempos se deben respetar las

reglas de salida del mercado establecidas por el mismo plan de trading.

ESTABLECE SIEMPRE STOP LOSS A TUS OPERACIONES

Los stop loss son órdenes que cierran operaciones perdedoras en un nivel predeterminado y tienen la función de controlar con antelación la cantidad de capital que se arriesga en cada posición.

Los traders por lo general arriesgan un 1% o máximo un 2% de su capital en cada operación que hacen.

Hay dos tipos de stop loss, los reales que se dan en la plataforma de trading y los mentales, que los fija el operador, los stop loss reales son un nivel fijo de precio que cierra una posición perdedora de manera automática, mientras que los stop loss mentales dependen de los sentidos del que lo opera.

Ambas son importantes en el stop loss, así que se tienen que tener en el plan de trading.

NO OPERES ALREDEDOR DE LAS NOTICIAS

Las noticias, los discursos que dan personalidades e incluso los eventos pueden generar inestabilidades por temporadas en Forex. Por esto no es una idea viable hacer trading intradía cuando se dan eventos que pueden alterar notablemente la volatilidad y la liquidez de las divisas, la mejor estrategia intradía en Forex no está exenta de peligro.

En estos anuncios de noticias pueden darse varios fenómenos:

- Falta de liquidez, en ocasiones hay eventos claves que restan liquidez al mercado, esto puede dar brechas de costos y falta de ejecución de órdenes.
- Altos niveles de volatilidad: a pesar de que esto es favorable en muchos casos, alrededor de las noticias puede ser un factor negativo, esta fluctuación de costos puede ser severa y resulta imposible encontrar una tendencia.

9

TÉCNICAS PARA TRADING INTRADÍA FOREX

SCALPING

El scalping es una técnica de trading que se basa en la compra y venta de productos financieros en poco tiempo. El scalping se contenta en conseguir pips en el mercado.

Este se realiza por lo general sobre derivados y con efectos de apalancamiento significativos. El retorno de inversión en cada posición es comparación con el riesgo que se asume, pero la ventaja va en el número de posiciones positivas.

Por ejemplo un Scalper DAX30, es alguien que hace scalping en el mercado de valores, las ganancias que se logran son pequeñas debido al movimiento pequeño que se busca. El scalping multiplica el número de operaciones y usa el apalancamiento sobre el trader de swing, cuando se opera a corto plazo se busca explotar las fluctuaciones más pequeñas en el mercado de trading.

Está también la forma más rápida de operar luego del trading de alta frecuencia, entre otras técnicas de trading, la técnica de scalping es única y accesible para el trader pequeño, ya que el de alta frecuencia exige un equipo profesional y caro y conectarse a internet con una conexión bien rápida.

Los scalping no siguen reglas habituales de administración de dinero, como la regla de negociación del 2% de riesgo de capital por operación.

Una vez que se empieza a ganar experiencia en el trading de divisas, se comprende el papel y la importancia que tiene esta estrategia en el éxito de trading.

Tener buenas estrategias es elemental, hay varias buenas y se pueden poner en marcha.

El scalping es un estilo de trading donde se invierten muchas sumas y por periodos cortos de tiempo, minutos e incluso segundos. El método de scalping lo usan aquellos que desean convertirse en un trader con estrategias a corto plazo.

Es más, el trading de divisas a corto plazo es una manera de negociación algorítmica. La ganancia promedio en el trading a corto plazo es alrededor de 5 pips máximo, invertir en el mercado de valores se hace a menudo con un fuerte apalancamiento para especular en los mercados de divisas y obtener una rentabilidad mayor.

Las estrategias de trading de especulación son populares entre los traders con más experiencia porque ayudan a limitar la exposición del mercado a lo largo del tiempo, mientras que se toma un riesgo limitado.

Hay quienes hacen scalping sobre el tipo de cambio y tratan de beneficiarse de pequeños movimientos en los pares de Forex y han elegido este tipo de comercio debido a que hay muchas más oportunidades a corto plazo.

TRADING INVERSO

Esta es una de las estrategias más difíciles de aplicar, aquí se implementa un concepto que es un tabú en la comunidad de trading, ir en contra de la tendencia.

El trading inverso es conocido como trading pull back, se caracteriza por movimientos que van en contra de la tendencia, para poderla usar se debe predecir la magnitud de los retrocesos de los costos. Con la finalidad de aplicar el trading inverso correctamente, se debe tener la virtud de la paciencia y un conocimiento profundo del mercado de divisas.

La conocida estrategia de puntos pivote al día puede considerarse como trading inverso, ya que aprovecha los retrocesos altos y bajos del día para generar ganancias.

TRADING DE MOMENTUM

Esta es una estrategia de Forex intradía sencilla que es ideal para operadores que apenas llegan al mercado. Es un método que aplica una perspectiva contraría al trading inverso. Para poder aplicar correctamente esta estrategia de trading de momentum se deben buscar los dos elementos mencionados antes, la volatilidad y la liquidez para operar en la dirección de la tendencia.

Si se quiere aplicar este enfoque se debe esperar pacientemente a que el mercado muestre las señales de entrada, posteriormente se tiene que tener la resistencia mental suficiente para mantener la posición abierta hasta que se dé una señal de salida.

Cada uno de los enfoques tiene sus ventajas y desventajas, por lo que resulta complejo definir cuál es la mejor estrategia personal de Forex intradía.

Igualmente es importante mencionar que a pesar de que el Day Trading se presenta como la gran oportunidad de ganar dinero, también es un método con complejidad, pero sí se tiene la paciencia y persistencia suficiente se podrá alcanzar el objetivo que se trace.

*P*ara finalizar este trabajo sobre Day Trading, nadie debería llevar a cabo ningún tipo de inversión sin saber lo necesario; en el caso del trading mucho menos.

Pero este tipo de operaciones si se llevan bien puede ser una estrategia que consideren inversores más arriesgados y de perfil claramente especulativo.

El trading financiero consiste en la compra y venta de un activo a corto plazo, incluso que se hacen en el mismo día, se intentan aprovechar las diferencias pequeñas en los precios, asumiendo riesgos altos para lograr la mejor rentabilidad.

Dentro del trading hay operaciones que se abren y

cierran en el mismo día, están las que duran meses, y está el scalping que dura poquísimo tiempo.

Independientemente de la estrategia que se elija, elementos como el factor de riesgo, tener la preparación ideal, contar con un sistema claro, son temas que se tienen que considerar antes de lanzarse a este tipo de trabajo.

Estos son algunos consejos a considerar a la hora de llevar a cabo las inversiones:

LAS OPERACIONES SON UN NEGOCIO

Así como cualquier otro esfuerzo generador de ingresos, el trading tiene que ser visto como un negocio, como resultado debe intentar desarrollar un plan de negocios que comprenda los riesgos. Hay que escoger las herramientas y contar con la formación continua por parte del inversor.

NO DEJAR DECISIONES A LA SUERTE

Hay muchas filosofías y estrategias lucrativas de trading que se pueden aplicar. La clave del éxito reside en la capacidad para decidir la estrategia que se va a adaptar mejor a las necesidades. Si no se puede empezar temprano mejor es no hacerlo ese día.

ACEPTAR QUE A VECES SE PIERDE DINERO

En trading y en todo tipo de activos todo el mundo pierde dinero, esto es una eventualidad que se debe esperar, nadie tiene una puntuación perfecta y no hay un sistema mágico, de modo que hay que protegerse de pérdidas, esto es algo que es elemental, pasa y hay que aceptar su presencia.

Hasta los mejores han perdido dinero en el trading de divisas.

LOS MERCADOS SE MUEVEN CUANDO QUIEREN

Hay algo que todos tienen en común cuando se trata de hacer trading, nadie sabe realmente a dónde va el mercado, independientemente del estatus y la experiencia. Cada comerciante está sujeto a las mismas oscilaciones salvajes, variaciones impredecibles y vueltas inexplicables en los costos de mercado.

COMENZAR PROBANDO

Gracias a la accesibilidad de la tecnología actual, esto es sencillo, se puede configurar una cuenta demo y empezar a hacer negocios de valores, divisas, índices y materias primas sin riesgos financieros. Es un modo de acostumbrarse al programa y desarrollar estrategias y seguridad para actuar.

MANTENER LA ESTRATEGIA

Cuando se inicia en el trading es fácil tener miedo o actuar impulsivo, el truco es apegarse a la estrategia definida de trading, esto es crucial para el éxito, también se tienen que alejar las emociones, es una manera de mantenerse objetivo ante los movimientos del mercado.

MANTENERSE ACTUALIZADO

Es importante consumir periódicamente informes de noticias financieras para que se entienda qué podría mover los mercado en el día a día, luego de una jornada de negociación, hay que tomar algún tiempo para mirar hacia atrás sobre los procesos, con el objetivo de ver lo sucedido en ese día. Revisar si las estrategias fueron o no rentables, ver si hubo pérdidas o no, si se dio un paso errado en la plataforma, hay que analizar todo.

ANALIZAR LOS ERRORES

Nadie tiene la verdad absoluta. Cuando lleguen los errores es importante saber por qué sucedió, asimismo cuando se tenga un beneficio toca evaluar todo lo que hizo que ese beneficio llegara.

Hay que tomar un tiempo para analizar el por qué todo salió bien, conocer el por qué ha mantenido esa posición en el tiempo, se tiene que desarrollar un ojo crítico para las decisiones, el saberlo ayudará a mantener un buen lugar por más tiempo.

LOS MERCADOS CAMBIAN Y EL OPERADOR CAMBIA

El inversor reciente nunca comprenderá totalmente la naturaleza del mercado, ya que se mantiene constantemente en evolución y no se repetirá, por tanto si bien es cierto que nunca debe cambiar su estrategia puramente porque se pierde dinero, es clave entender cómo y cuándo debe adaptar el estilo de negociación a medida que se transforma el mercado.

NO SE DEBE ESPERAR SOLO LO MEJOR

La esperanza y la suerte nunca deben formar la base de las decisiones para el proceso de trading. Cuando se va por una dirección errada de mercado, se tiene que aplicar la filosofía de negociación en posición perdedora y decidir el próximo movimiento en consecuencia.

VER DÓNDE ESTÁ EL LÍMITE

Finalmente, la orden stop loss permite que se salga de una posición perdedora una vez que el precio actual rompe el nivel en el que lo ha establecido, limita las órdenes y se establece el precio al cual se está dispuesto a tomar una ganancia, a cerrar una operación. Limitar la orden es útil, porque puede minimizar el riesgo de oscilaciones en el costo del mercado.

www.ingramcontent.com/pod-product-compliance
Lightning Source LLC
Chambersburg PA
CBHW031908200326
41597CB00012B/554